Enamora a tus clientes

Fernando Sande

Enamora a tus clientes

DEDICATORIA

Para todos los negocios que me han traicionado, decepcionado, engañado y dejado plantado, aun tengo pesadillas y sabor amargo de algunos, para ellos escribo este libro, un último regalo desde mi aceptación por haber elegido mal, con la esperanza de que un día puedan volver a enamorar a algún cliente y madurar, gracias por tan grandes lecciones.

Enamora a tus clientes

CONTENIDO

1
¿POR QUÉ ENAMORA A TUS CLIENTES?

"Cualquier programa, cuando funciona, ya es obsoleto"
Ley de los progamadores

Soy un cliente experto, no solo porque me han querido vender de mil formas, algunas tan aburridas, tan roboticas y tan viciadas ya, que es facil adivinar el siguiente paso. Me han estafado, me han visto la cara, me han hecho enojar y sacado de mis casillas varias veces, pero tambien me han enamorado, he tenido la oportunidad de facinarme al comprar, no solo un producto sino con toda la experiencia del servicio, lamentablemente, han sido pocas veces en las cuales me ha sorprendido algo, decidi escribir este libro por mi bien y el del mundo, con la esperanza lejana de que algun dueño de negocio, emprendedor o encargado aprenda alguna de las practicas que se sugieren, seria un gran paso que nos beneficiaria a todos, pero sobre todo a su producto o servicio ¡tendra la oportunidad de tener clientes de por vida!

El servicio al cliente es el alma de cualquier negocio exitoso. Los clientes son la razón por la que existimos, y es nuestra responsabilidad brindarles un servicio excepcional. Si queremos que nuestros clientes vuelvan, debemos enamorarlos. Pero, ¿por qué es importante enamorar a tus clientes?

En primer lugar, los clientes enamorados son más leales. Cuando un cliente está enamorado de una marca o negocio, el mismo se convierte en nuestro mejor vendedor, imagiana eso, multiplicarias tu plantilla de vendedores convirtiendo a cada cliente en un promotor estrella de tu producto o servisio, haran publicidad boca a boca, sobre su experiencia y recomiendaran la marca a sus amigos y familiares. En resumen, los clientes enamorados son embajadores de la marca.

En segundo lugar, enamorar a tus clientes puede ayudar a diferenciarte de la competencia. En un mercado saturado de opciones, es importante destacarse y ofrecer algo único. Al brindar un servicio excepcional y crear relaciones duraderas con los clientes, podrás diferenciarte de la competencia y destacarte en el mercado.

Por último, enamorar a tus clientes puede mejorar tu reputación y aumentar tus ganancias, asi es, más dinero para ti, para tu equipo y mayor valor para el mundo. Tendras más comentarios positivos y estaran gustosos de compartir sus experiencias en línea, si es tu caso, ayudando a mejorar tu reputación y atraer a nuevos clientes. Además, los clientes satisfechos son más propensos a gastar más dinero en tus productos o servicios.

En conclusión, enamorar a tus clientes no es solo importante para crear relaciones duraderas y exitosas, sino también para mejorar tu reputación, aumentar tus ganancias y diferenciarte de la competencia. En los siguientes capítulos, exploraremos las estrategias y herramientas necesarias para enamorar a tus clientes y brindarles un servicio excepcional.

A veces buscamos con interés genuino vender más, ser los mejores, estar a la vanguardia, conocer las mejores practicas, sin embargo, al ver la realidad con ojos críticos y estrictos, nos damos cuenta que no cumplimos si quiera con lo básico, incluso nuestro servicio puede dar miedo, somos buenos para vender, pero malos para cumplir, una vez que el cliente valida nuestro producto o servicio, no regresa jamás.

Importante: A partir de ahora tienes dos opciones, seguir adelante con el libro y conocer o refrescar algunos conceptos que nos dan contexto o, saltarte directo a los pasos para realizar tu estrategia de excelencia en el servicio y aprender a enamorar a tus clientes, si deseas tomar el atajo, puedes ir al capitulo final titulado: Enamora a tus clientes.

Enamora a tus clientes

2
JERARQUÍA DE COMPETENCIAS

"Las cosas más grandes de la vida no son materiales"
Carlos Slim

Existe una pirámide de conceptos de tipos de negocios que nos sirve como una herramienta conceptual comprender cómo las empresas pueden diferenciarse y competir en el mercado.

Como podemos ver la imagen, entre más arriba situes a tu negocio, más clientes potenciales y menos competencia tienes; por el contrario entre más abajo más ordinario y comun es tu negocio por lo que es facil copiarlo.

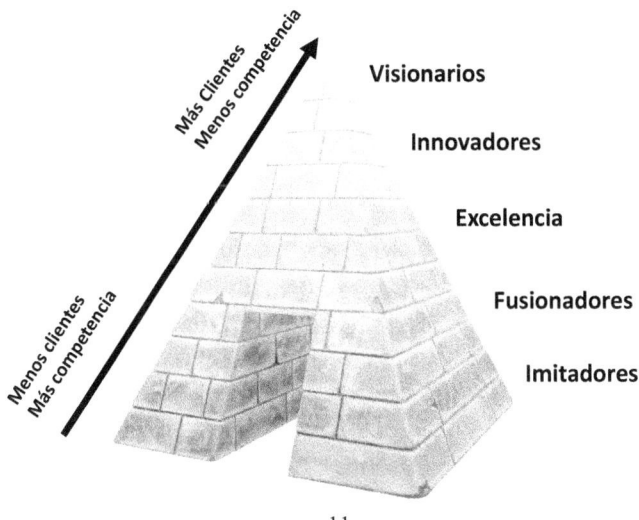

Recuerda, entre más alto estés en la pirámide tendrás más clientes y menos competencia.

1. Rompe Paradigmas
2. Innovadores
3. Buscadores de excelencia
4. Fusionadores
5. Imitadores

En el nivel más bajo (5) Los Imitadores: Son negocios que son faciles de imitar, modelos que cualquiera puede emprender , generalmente compiten por precio pues cada dia hay más oferta de lo mismo. donde todos se pelean los clientes y hay mucha competencia están los imitadores; estos son aquellos que simplemente copian un negocio que ya existe en muchos lados, alguna necesidad que sabemos que las personas buscan, una estética, planchado de ropa, papelería, etc.; aquí lo que sucede es que son los mismos clientes los que se dividen, sobre todo si están en una zona donde hay otros del mismo giro. Aquí la recomendación es ir a las zonas menos actualizadas en los negocios, generalmente en la ciudad se emprenden primero las cosas y luego la tendencia es ir hacia fuera a las zonas de provincia, si ya hay muchos restaurantes de alitas en la ciudad y deseas imitar el negocio, te puede ir mejor en una ciudad más pequeña donde se van a poner de moda apenas.

En el nivel 4, están los fusionadores, estos son aquellos que integran dos o más giros de negocio en un mismo sitio para crear un nuevo modelo de negocio. Los fusionadores buscan capitalizar sobre sinergias y economías de escala para crear una empresa más grande y competitiva; por ejemplo, estética y uñas, o planchado de ropa y tintorería, estos abarcan más nichos de mercado pero de dos giros imitadores, consiguen por eso más clientes que los del nivel 5. Lo que se recomienda es que si vas a fusionar otro giro de negocio sea uno que le interese a tu misma clientela preferentemente, así serás oportunista y les ahorrarás tiempo, es posible que por eso prefieran ir contigo.

En estos dos niveles puedes convertirte en un "commodities", estos son productos o bienes por el que existe una demanda en el mercado y se comercian sin diferenciación cualitativa en operaciones de compra y venta, por ende las personas eligen el más barato sin importar mucho lo que las diferencia, por ejemplo el azúcar, el hielo, carbón. Hay que tener cuidado cuando ofertamos promociones y dejamos de poner atención en los negocios pues de tan barato que se ofrece podemos llegar a eso, como algunas estéticas que ofrecen el planchado de pelo, alitas, pizzas, etc.

Para diferenciarte y subir de nivel en la jerarquía debes trabajar en diferenciadores como ya lo hemos hecho, también debes tener propuestas únicas las cuales aprenderemos a mejorar más adelante.

El siguiente nivel (3), están los buscadores de excelencia, son empresas que buscan mejorar constantemente sus procesos y productos para ofrecer un servicio excepcional. Los buscadores de excelencia se enfocan en la calidad y la mejora continua para superar a sus competidores, aquellos que están comprometidos con la mejora continua, revisan constantemente sus procesos y sistemas para desarrollarlos y ajustarlos a nuevos retos, forman a su capital humano e invierten constantemente para su crecimiento, pudieran caer en el nivel de los imitadores o fusionadores, sin embargo generalmente requieren mucha más inversión por lo que existe una brecha de capital invertido, es decir, en vez de se un local , son franquicias o negocios que invierten en equipo o maquinaria de alto costo y su amortización es a mediano plazo.

El nivel número 2 de la jerarquía de competencias tiene un gran salto en el impacto con los clientes, son los innovadores, son empresas que crean nuevos productos y servicios que cambian la forma en que las personas hacen las cosas. Los innovadores se enfocan en la investigación y el desarrollo para crear nuevas soluciones que resuelvan problemas existentes o satisfagan necesidades no satisfechas, al ser los que proponen las novedades del mercado, ofrecen algo que no sólo se diferencia si no que es único, lo cual les da ventaja para acaparar al mercado en lo que los demás reaccionan, el ejemplo del iPhone es muy característico, salió al mercado innovando con su pantalla táctil sin teclas, aun cuando no era el mejor si fue una innovación que el público acepto y adquirió de manera masiva, desplazando a su competencia. Hay ocasiones en las que estamos en nivel 3 de la jerarquía y generamos un producto o servicio de nivel 2 pero no nos damos cuenta, entonces perdemos esa ventaja, esto le sucedió a BlackBerry que fue una gran innovación primero con su teclado completo y vendió millones, estuvo en nivel 2, luego mejorando su producto creo un sistema de chat entre blackberries gratuito lo que incremento su atractivo y detonaron más venta, al ser una función no se dieron cuenta que tenían una innovación que en un futuro seria multimillonaria, pues en cierta forma la función de chatear gratis entre teléfonos ya existía pero la empresa de WhatsApp la retomó en parte como Imitador nivel 5 y la llevo a un nivel 2 tiempo después, la empresa de BlackBerry dejó de operar por quedarse fuera de las innovaciones aun cuando era muy buena en el nivel de la búsqueda de la excelencia.

El nivel número uno de la pirámide son los visionarios, son empresas que están a la vanguardia de la industria y que cambian la forma en que se hace el negocio.

Los visionarios buscan crear nuevos mercados y liderar la innovación a través de nuevas tecnologías y estrategias empresariales.aquellos que rompen paradigmas y crean de la nada un nuevo sector con un producto o servicio que no existía antes o rompe todo esquema conocido históricamente, como sucedió con Sony y los audífonos, el iPod o las navajas portátiles de Gillette, son propuestas únicas en el mercado que no existían antes, transformaron en su totalidad el cómo se hacían las cosas, esto les da una ventaja competitiva en la cual abarcan prácticamente el 100% del mercado de consumidores por un tiempo, hasta que los imitadores generan replicas y van segmentando el mercadode nuevo, Tesla, Uber, Airbnb son negocios disruptivos que no existian antes.

Otro fenómeno que se da es el que la jerarquía puede tener campo de acción según el nivel de civilización y crecimiento demográfico, es decir, algo que está de moda en Japón o Inglaterra es posible que después migre a Estados Unidos e incluso hasta años después a

Latinoamérica. Esto lo podemos observar por ejemplo en con tendencias y modas como los productos orgánicos, las alitas, autoempleos, etc.; puede que ya existan muchos imitadores en la ciudad pero si migras tu negocio a las poblaciones aledañas es posible que seas el primero ahí con la ventaja de una fórmula de negocio ya comprobada.

Y tú... ¿En dónde te encuentras en esta jerarquía de competencias?

3
NEGOCIOS QUE TRAICIONAN

El cliente que se va por precio, volverá por servicio. Mientras que el que se va por servicio, no volverá por ningún precio"
Wilton Loaiza

Como cliente al igual que tu, vivimos esta transformación con sus beneficios y tambien con sus malas consecuencias, sobre todo al experimentar las malas practicas de los negocios, es decir, si revisamos las principales quejas como consumidores podemos listar las siguientes:

Mala atención al cliente: cuando los clientes sienten que no se les presta la atención adecuada o que se les trata de manera poco amistosa, pueden sentirse frustrados y molestos.

•   Productos o servicios defectuosos: si un producto o servicio no cumple con las expectativas del cliente o presenta problemas, es probable que se quejen y pidan una solución.

•   Tiempos de espera largos: si los clientes tienen que esperar mucho tiempo para recibir atención o para recibir un producto o servicio, pueden sentirse impacientes e insatisfechos.

• Problemas de facturación o de pago: si hay errores en la facturación o en el procesamiento de pagos, los clientes pueden sentirse molestos y frustrados.

• Falta de información clara: si los clientes no reciben información clara y precisa sobre los productos o servicios que están comprando, pueden sentirse confundidos y frustrados.

• Problemas de entrega: si los productos no llegan a tiempo o llegan dañados, los clientes pueden sentirse insatisfechos y enojados.

Ahora si lo vemos como fallas comunes en el servicio al cliente, algunos ejemplos son:

• No se toman el tiempo para escuchar las necesidades de sus clientes o no les prestan atención adecuada, no responden, no dan seguimiento y otras quejas como ya vimos, esto resulta en una mala experiencia del cliente, ya que no siente que su voz sea escuchada.

• No proporcionar un servicio al cliente de calidad, lo cual es ya hoy en dia "lo esperado" no entregan las cosas en tiempo, las entregan mal, incompletas, dañadas, etc.

• No cumplir con las promesas generalmente en tiempo o cotización acordada, se genera desconfianza en el cliente y una mala experiencia de servicio al cliente.

• No tratar al cliente con respeto o amabilidad, mienten, son groseros o indiferentes.

- No tener suficiente personal para atender a los clientes durante los horarios pico o inventario de lo que se ofrece, clasico ejemplo de los supermercados o los bancos.

- No proporcionar información sobre los productos o servicios del negocio, a mi me han dejado sin responderme cuando pido información, si asi son cuando quieren vender imagina cuando requiera algo más.

Es por esto que aun cuando parece obvia la solución a cada una de estas, me siento comprometido a desarrollar esta propuesta para que los dueños de negocios, directivos, emprendedores y en colaboradores en general, tomen conciencia de la importancia del servicio al cliente, pues desde mi perspectiva el precio esta dejando de ser relevante en muchos giros y el valor agregado a los productos y servicios gana terreno como protagonista en la fidelización de los clientes, leí una atinada frase el otro día:

Heráclito de Éfeso (540 a. C) dijo "Nada es permanente a excepción del cambio" hoy en día el mundo sigue transformandose de forma exponencial, la pandemia ha tenido un impacto significativo en la forma en que se llevan a cabo los negocios en todo el mundo, con nuevos desafios, algunos cambios importantes que hoy vivimos son:

- Aumento del comercio en linea: Con el cierre de las tiendas físicas y la necesidad de distanciamiento social, las ventas en línea han aumentado significativamente. Las empresas que antes no ofrecían servicios en línea, ahora han tenido que adaptarse a las plataformas digitales para mantenerse a flote.

• Trabajo remoto: La pandemia ha acelerado la adopción del trabajo remoto en todo el mundo. Muchas empresas han optado por permitir que sus empleados trabajen desde casa, lo que ha llevado a una mayor dependencia de herramientas de colaboración en línea como Zoom, Microsoft Teams y Slack.

• Mayor enfoque en la seguridad sanitaria: La pandemia ha puesto de relieve la importancia de la seguridad sanitaria en el lugar de trabajo. Las empresas han tenido que invertir en equipos de protección personal, limpieza y desinfección para garantizar la seguridad de sus empleados y clientes.

• Cambios en la cadena de suministro: La pandemia ha afectado a la cadena de suministro global, lo que ha llevado a retrasos en la entrega de productos y a un aumento de los precios de algunos bienes. Las empresas han tenido que adaptarse a estos cambios y buscar nuevas fuentes de suministro.

Dicho esto, el primer paso creo que seria, volver a los básicos y asegurarnos de tener buenos cimientos para sostener las mejoras, ya que por muchos sistemas que tenga, uniformes o empaques espectaculares, si algo en la cadena falla o es deficiente, impactara en el resultado final, recuerda que pocos, muy pocos se toman la molestia de quejarse formalmente, y aun peor, los que llegan a hacerlo saben que no llegara a la persona adecuada o tendrán alguna solución.

4
APRENDIENDO A COQUETEAR

"Cuando algo es lo suficientemente importante, haces lo que sea necesario incluso cuando las probabilidades no están a tu favor"
Elon Musk

Antes de enamorar a tus clientes, es importante conocerlos. Esto significa comprender sus necesidades, deseos y comportamientos de compra. Al conocer a tu cliente ideal, podrás personalizar tus esfuerzos de marketing y ventas para satisfacer sus necesidades específicas.

Es importante identificar a tu cliente ideal y conocerlo a fondo. Comenzaremos por definir el perfil de tu cliente ideal, lo cual implica analizar factores demográficos como edad, género, ubicación y nivel socioeconómico. También analizaremos factores psicográficos, como intereses, valores y comportamientos de compra.

Además, hay que recopilar datos sobre tus clientes a través de encuestas, análisis de datos y otras herramientas de investigación de mercado, lo mejor es haer preguntas abiertas, ya que existe un sesgo muy grande en como y que preguntamos, ademas de la ponderacion en las encuestas, una pregunta abierta no condiciona, si podemos hablar directamente con el cliente o pedirle que nos deje un audio es lo mejor y más certero. Estos datos te ayudarán a comprender mejor a tus clientes y a personalizar tu oferta para satisfacer sus necesidades específicas.

También aprender a utilizar la información que has recopilado para crear perfiles de comprador y segmentar tu base de clientes es vital. Al segmentar tu base de clientes, podrás personalizar tus esfuerzos de marketing y ventas para cada grupo específico, lo que aumentará la eficacia de tus estrategias, hoy en día existen sistemas que nos ayudan a realizar esto, cada día son más accesibles y efectivos.

Veamos ahora ¿a que le llamo un cliente enamorado?

Un cliente enamorado es aquel que está extremadamente satisfecho con un producto o servicio y tiene una lealtad hacia la marca o empresa que lo provee. Este tipo de cliente no solo es fiel, sino que también se convierte en un promotor entusiasta de la marca, recomendándola a amigos, familiares y colegas.

¿Por qué es importante enamorar a los clientes?

Un cliente enamorado es valioso para cualquier empresa, ya que es más probable que haga compras repetidas y genere ingresos recurrentes. Además, como promotor de la marca, puede ayudar a atraer nuevos clientes y aumentar la reputación de la empresa.

¿Qué debemos hacer entonces?

Para fomentar la lealtad y el enamoramiento de los clientes, debemos ofrecer un excelente servicio al cliente con tecnicas y herramientas que te compartire en esta propuesta, sin dejar a un lado que nuestro servicio o productos sean de alta calidad y diseñemos experiencias de compra agradables en toda la cadena considerando los famosos momentos de verdad (toda situación en la que el cliente puede evaluar nuestro servicio y tomar una decision) asi como programas de lealtad y recompensas para incentivar a los clientes a seguir comprando y recomendando la marca, incluyendo las ventajas que nos da la tecnologia hoy en dia.

Una vez que hayas definido el perfil de tu cliente ideal, conozcas sus necesidades y deseos, es importante ofrecer una experiencia excepcional diseñada a la medida para el cliente. Esto significa ir más allá de simplemente vender un producto o servicio de calidad, eso es lo minimo esperado, la idea es hacer cosas que excedan las expectativas del cliente y sobre todo que nadie más hace.

Existe ya un gran universo de conceptos sobre este tema, es por eso que me gustaría coquetear un poco contigo y mostrarte algunas de las mejores practicas de servicio al cliente de las empresas que se han hecho fama y fortuna a partir de este enfoque.

Puedes regresar a esta parte después si gustas, pues quizá ya has escuchado de estas empresas y te puede parccer redundante, por lo que incluso si deseas puedes omitir leerlas.

Chick-fil-A: es una cadena de restaurantes de comida rápida estadounidense que se enfoca en servir pollo. Fue fundada en 1946 y actualmente tiene más de 2,600 ubicaciones en todo el mundo.

Una de las estrategias exitosas de servicio al cliente de

Chick-fil-A es su enfoque en la satisfacción del cliente. La compañía ha creado un ambiente en el que los empleados están capacitados para tratar a los clientes con amabilidad y respeto, y están motivados para asegurarse de que cada cliente tenga una experiencia positiva.

Otra estrategia exitosa es su enfoque en la calidad de la comida. La compañía solo utiliza ingredientes frescos y de alta calidad en sus productos, y se asegura de que se preparen de la manera correcta para garantizar la satisfacción del cliente.

Además, se ha destacado por su enfoque en la innovación en tecnología de servicios. La cadena ha implementado una aplicación móvil para pedidos y entregas a domicilio, ha creado un sistema de pago móvil rápido y fácil de usar. Estas innovaciones han mejorado la experiencia del cliente y han hecho que sea más fácil para los clientes disfrutar de la comida de Chick-fil-A.

Visión:

"Ser la marca de comida rápida más amada y la compañía más exitosa en servir comida de pollo."

Misión:

"Ser fieles a nuestros valores centrales de calidad, servicio, hospitalidad, trabajo en equipo, cuidado y diversión al crear experiencias alimentarias memorables para nuestros clientes".

Valores:

- Calidad: Buscamos la excelencia en todo lo que hacemos.
- Servicio: Servimos con amor y cuidado.
- Hospitalidad: Valoramos a las personas y las tratamos con respeto y dignidad.
- Trabajo en equipo: Juntos somos más fuertes.
- Cuidado: Nos preocupamos por las personas y las comunidades que servimos.
- Diversión: Disfrutamos de lo que hacemos y lo compartimos con los demás.

Estos valores centrales son la base de todo y guían a la compañía en la toma de decisiones y en la forma en que se relaciona con sus clientes y empleados.

Esta empresa además tiene la politica de cierre dominical: Chick-fil-A está cerrado todos los domingos, lo que le da a los empleados un día libre y les permite dedicar tiempo a la familia y la comunidad. Esta práctica ha sido valorada por muchos clientes y se ha convertido en un distintivo de la marca.

Por ultimo tiene un gran compromiso con la comunidad, la compañía ha donado millones de dólares a organizaciones sin fines de lucro y ha trabajado para apoyar a las comunidades locales en las que opera.

Amazon: Para mi, el mejor ejemplo a seguir, es reconocido por su excelente servicio al cliente y ha sido capaz de mantener una reputación excepcional en esta área, quizá mi preferida como cliente, por lo pronto te presento algunos de los secretos y prácticas que Amazon utiliza para ofrecer un servicio excepcional a sus clientes:

- Centrarse en el cliente: Se enfoca en el cliente en todo lo que hace. La compañía se esfuerza por anticipar las necesidades de sus clientes y ofrece una experiencia personalizada y satisfactoria.

- Facilitar el proceso de compra: Se aseguran de que el proceso de compra sea lo más fácil posible para los clientes. La compañía ofrece opciones de envío gratuito, devoluciones sencillas y un proceso de compra sencillo.

- Asistencia al cliente: Tienen un equipo de servicio al cliente altamente capacitado que está disponible para ayudar a los clientes en cualquier momento. El equipo de servicio al cliente de Amazon está disponible las 24 horas del día, los 7 días de la semana, para resolver cualquier problema que los clientes puedan tener.

- Personalización: Personalizan la experiencia de compra para cada cliente, ofreciendo recomendaciones de productos y contenido relacionado basado en el historial de compras y navegación del usuario.

- Políticas de satisfacción garantizada: Amazon

ofrece una política de devolución sin preguntas y garantiza la satisfacción de sus clientes.

- Innovación constante: Están en constantemente innovando para mejorar la experiencia del cliente. Desde la entrega por drones hasta la integración de inteligencia artificial en su plataforma, Amazon está siempre buscando formas de mejorar su servicio al cliente.

Visión de Amazon:

Ser la empresa más centrada en el cliente del mundo, donde los clientes pueden encontrar y descubrir cualquier cosa que quieran comprar en línea.

Misión de Amazon:

Ofrecer la mejor experiencia de compra en línea posible para nuestros clientes, ofreciendo una selección de productos y servicios sin igual, precios competitivos y entrega rápida y confiable.

Valores de Amazon:

- Obsesión por el cliente: todo lo que hacemos comienza y termina con el cliente.
- Propiedad: tomamos la responsabilidad y hacemos lo necesario.
- Invención: nos gusta inventar cosas que no existen.
- Compromiso con la excelencia: nos esforzamos por lograr la excelencia en todo lo que hacemos.

- Pensamiento a largo plazo: tomamos decisiones en función de los resultados a largo plazo.
- Agilidad: somos rápidos en tomar decisiones y actuar en consecuencia.
- Trabajar duro y divertirse: combinamos un trabajo duro y un sentido del humor.

Zappos: Es una empresa de venta de zapatos en línea, a continuación, te presento algunos de los secretos y prácticas que utilizan para ofrecer un servicio excepcional a sus clientes:

- Enfoque en la satisfacción del cliente: La compañía se esfuerza por ofrecer una experiencia de compra personalizada y satisfactoria para cada cliente.

- Envío y devolución gratuitos: Zappos ofrece envío y devolución gratuitos para sus clientes, lo que hace que sea fácil para los clientes comprar y devolver productos.

- Asistencia al cliente: Tienen un equipo de servicio al cliente altamente capacitado que está disponible para ayudar a los clientes en cualquier momento. El equipo de servicio al cliente de Zappos está disponible las 24 horas del día, los 7 días de la semana, para resolver cualquier problema que los clientes puedan tener.

- Cultura de la empresa centrada en el servicio al

cliente: Todos los empleados se esfuerzan por ofrecer una experiencia de compra excepcional para los clientes.

- Política de devolución sin preguntas: Los clientes pueden devolver productos sin tener que explicar la razón.

- Personalización: Zappos personaliza la experiencia de compra para cada cliente, ofreciendo recomendaciones de productos y contenido relacionado basado en el historial de compras y navegación del usuario.

Tesla: Es una empresa conocida por su innovación y liderazgo en la industria automotriz, te presento algunos de los aspectos de la estrategia de servicio al cliente:

- Atención personalizada: Los empleados están capacitados para atender las necesidades y consultas de los clientes de manera rápida y eficiente.

- Educación y soporte: Tesla ofrece educación y soporte a sus clientes, con el fin de garantizar una experiencia de conducción segura y satisfactoria. Los clientes pueden acceder a una amplia variedad de recursos, como manuales, tutoriales en línea y videos de capacitación.

- Actualizaciones de software y mejoras: Tesla

actualiza regularmente el software y los sistemas de sus vehículos para mejorar la experiencia de conducción y satisfacción del cliente. Esto incluye mejoras en la autonomía del vehículo, características de seguridad y entretenimiento.

- Política de garantía: Ofrece una garantía líder en la industria que cubre la reparación o sustitución de piezas defectuosas durante un período de tiempo específico. Además, la empresa ofrece garantía extendida y programas de mantenimiento para garantizar la satisfacción del cliente.

- Comunicación clara y transparente: Tesla se esfuerza por comunicar de manera clara y transparente con sus clientes. La empresa proporciona actualizaciones regulares sobre el estado de los pedidos, reparaciones y mejoras de software, y mantiene a los clientes informados sobre las últimas novedades en la tecnología de vehículos eléctricos.

Mercado Libre: Es una plataforma en línea de comercio electrónico que opera en varios países de América Latina, a continuación, se detallan algunos aspectos de su estrategia:

- Protección al comprador: Ofrece protección al comprador, lo que significa que si el comprador no recibe el producto o si el producto recibido no es lo que se esperaba, Mercado Libre interviene para resolver el problema. Esto ayuda a garantizar la confianza de los compradores en la plataforma.

- Servicio al cliente personalizado: Cuenta con un equipo de servicio al cliente que se encarga de atender las necesidades de los compradores y vendedores. El equipo de servicio al cliente se esfuerza por responder a las preguntas y consultas de manera rápida y eficiente, y brindar soluciones efectivas a cualquier problema que pueda surgir.

- Comunicación clara y transparente: Mantiene a los usuarios informados en todo momento sobre el estado de sus pedidos y transacciones. Además, la empresa brinda información detallada sobre las políticas y procedimientos de la plataforma para garantizar la transparencia y la confianza de los usuarios.

- Feedback y evaluaciones: Permite a los compradores y vendedores calificar sus transacciones y proporcionar comentarios sobre su experiencia en la plataforma. Esto ayuda a crear un ambiente de confianza y transparencia, y ayuda a los usuarios a tomar decisiones informadas sobre sus compras y ventas.

- Innovación tecnológica: Mercado Libre se esfuerza por estar a la vanguardia de la tecnología para mejorar la experiencia de compra y venta en su plataforma. La empresa ha desarrollado herramientas de inteligencia artificial y análisis de datos para mejorar la eficiencia y la seguridad de las transacciones.

Muchas de las practicas son parecidas a Amazon, un detalle que creo les ha ayudado a crecer es que han ampliado sus servicios con sistemas de cobro de tarjetas y sus tienda es línea muy amigables sin costo adicional, además de que no tienen sus productos básicos, lo que se ha criticado a Amazon por sacar, es decir, que no utiliza a su favor la base de información que tiene para vender productos propios.

Nordstrom: Es una cadena de tiendas por departamento de lujo con sede en los Estados Unidos. La empresa se fundó en 1901 y ha crecido hasta convertirse en una de las tiendas por departamento más grandes y exitosas del mundo.

Visión:

"Ser la experiencia de compra más atractiva y exitosa del mundo".

Misión:

"Brindar una experiencia de compra excepcional que supere las expectativas de nuestros clientes".

Valores:

- Servicio al cliente: El cliente siempre es lo primero.
- Trabajo en equipo: Trabajamos juntos para alcanzar nuestros objetivos.
- Integridad: Actuamos con honestidad y ética en todas nuestras interacciones.
- Respeto: Tratamos a los demás con respeto y dignidad.
- Responsabilidad: Nos responsabilizamos por nuestros resultados y por nuestra contribución a la comunidad.

Estos valores son la base de todo lo que Nordstrom hace y guían a la compañía en la toma de decisiones y en la forma en que se relaciona con sus clientes y empleados. La empresa se ha comprometido a brindar una experiencia de compra excepcional a través de un servicio al cliente excepcional y una selección de productos de alta calidad. Además, Nordstrom se enorgullece de su compromiso con la comunidad y la responsabilidad social.

Algunas de sus prácticas incluyen:

Enfoque en el cliente: La empresa se centra en satisfacer las necesidades y expectativas de sus clientes, trabaja para crear experiencias de compra únicas y personalizadas.

Selección de productos de alta calidad: Nordstrom se enorgullece de ofrecer productos de alta calidad y marcas exclusivas para sus clientes.

Empleados capacitados: Los empleados reciben capacitación para brindar un servicio al cliente excepcional y están comprometidos con la satisfacción del cliente.

Devoluciones sin problemas: Se tiene una política de devolución sin problemas y se esfuerza por hacer que la experiencia de devolución sea fácil y sin estrés para los clientes.

Servicio personalizado: Nordstrom ofrece servicios como compras por teléfono, compras en línea y envío gratuito para brindar a los clientes una experiencia de compra personalizada y conveniente.

Enfoque en la experiencia del cliente: La empresa se enfoca en crear una experiencia de compra atractiva y agradable para los clientes, incluyendo servicios como cafeterías, spas y otros servicios en sus tiendas.

Ritz-Carlton: Es una cadena de hoteles de lujo reconocida mundialmente por su excelencia en el servicio al cliente que se basa en los siguientes aspectos:

- Cultura de servicio al cliente: El servicio al cliente es una filosofía que impregna todos los aspectos de la empresa. Cada miembro del personal está comprometido con proporcionar un servicio excepcional y satisfacer las necesidades de los huéspedes.

- Personal altamente capacitado: Ritz-Carlton

invierte en la capacitación y el desarrollo de su personal para garantizar que tengan las habilidades y la actitud necesarias para brindar un servicio excepcional. El personal recibe entrenamiento constante en habilidades técnicas y de servicio al cliente.

- Personalización del servicio: Se enfoca en brindar un servicio personalizado a cada huésped. El personal se asegura de conocer las preferencias y necesidades de cada huésped para brindar un servicio a medida.

- Atención al detalle: Se preocupa y ocupan por los detalles en cada aspecto de la experiencia del huésped. Desde la limpieza de las habitaciones hasta la calidad de los alimentos y bebidas, la empresa se esfuerza por garantizar que todo sea perfecto.

- Innovación en el servicio: Están constantemente innovando en su servicio al cliente para mejorar la experiencia del huésped. La empresa utiliza tecnología avanzada para mejorar la eficiencia y la personalización del servicio.

Disney: Una de las empresas con más años en el mercado y que sigue creciendo hoy en día, el éxito de su servicio al cliente se basa en los siguientes aspectos:

- Cultura de servicio al cliente: Se enfoca en brindar un servicio excepcional a todos sus visitantes. Cada miembro del personal está comprometido con la cultura de servicio al cliente de la empresa y trabaja arduamente para garantizar que los visitantes tengan una experiencia mágica.

- Capacitación del personal: Disney invierte en la capacitación y el desarrollo de su personal para garantizar que tengan las habilidades necesarias para brindar un servicio excepcional. Los empleados reciben capacitación en habilidades técnicas y de servicio al cliente, y se les anima a buscar soluciones creativas para satisfacer las necesidades de los visitantes.

- Atención al detalle: Se preocupan por los detalles en cada aspecto de la experiencia del visitante, desde la limpieza del parque hasta la calidad de la comida y las bebidas. La empresa se esfuerza por garantizar que cada detalle sea perfecto para garantizar una experiencia mágica.

- Personalización del servicio: Disney se enfoca en brindar un servicio personalizado a cada visitante. La empresa utiliza tecnología avanzada para personalizar la experiencia del visitante y hacer que se sienta especial.

- Innovación en el servicio: Disney está constantemente innovando en su servicio al cliente para mejorar la experiencia del visitante.

Starbucks: Una cadena internacional de cafeterías que cotiza en la bolsa NASDAQ basa su estrategia de servicio al cliente en los siguientes aspectos:

- Enfoque en el cliente: Se enfoca en brindar una experiencia excepcional al cliente en cada interacción. La empresa se preocupa por la satisfacción del cliente y se esfuerza por crear un ambiente acogedor y cómodo para sus clientes.

- Capacitación del personal: Los empleados reciben capacitación en habilidades técnicas y de servicio al cliente, y se les anima a buscar soluciones creativas para satisfacer las necesidades de los clientes.

- Personalización del servicio: Starbucks se enfoca en brindar un servicio personalizado a cada cliente. La empresa utiliza tecnología avanzada para personalizar la experiencia del cliente y hacer que se sienta especial.

- Innovación en el servicio: Está constantemente innovando en su servicio al cliente para mejorar la experiencia del cliente. La empresa utiliza tecnología avanzada para mejorar la eficiencia y la personalización del servicio.

- Responsabilidad social: Starbucks se preocupa por la responsabilidad social y está comprometida con la sostenibilidad. La empresa se esfuerza por utilizar ingredientes sostenibles y apoya a las comunidades locales.

Creo que esta demás seguir con la lista, es obvio que todas estas empresas coinciden en más del 80% de sus practicas y filosofías, pero eso no es lo importante, sino que realmente aplican en su mayoría lo que dicen, este es el valor real.

5
NO TEMAS A TU COMPETENCIA, TEN MIEDO DE TU INCOMPETENCIA

Admiro a varios autores que han realizado propuestas de forma incansable sobre la satisfacción del cliente, sin embargo aun no es suficiente pues siguen siendo pocos los que conocen estas herramientas, es por eso que decidi incluir algunas para seguir evangelizando en esto a los negocios.

Me di la tarea de recopilar las que he considerado aun relevantes al día de hoy, con el fin de tener una mini guía que nos ayude a implementar una estrategia en nuestro negocio.

Ken Blanchard y Sheldon Bowles proponen un marco práctico para mejorar el servicio al cliente en su libro "El cliente siempre tiene la razón". Este marco se llama "HIP", que significa "Hacerlo fácil para el cliente, Involucrar a los empleados y Perspectiva del cliente".

A continuación los componentes del marco HIP:

- Hacerlo fácil para el cliente: Enfocarse en la simplicidad y facilidad de uso para el cliente. Reducir la complejidad y la burocracia en los procesos de servicio al cliente, lo que permitirá a los clientes recibir una experiencia de servicio sin problemas.

- Involucrar a los empleados: Los colaboradores

deben estar involucrados y comprometidos con la cultura de servicio al cliente. La formación en servicio al cliente y la retroalimentación son importantes para involucrar a los empleados.

- Perspectiva del cliente: La organización debe entender las necesidades y deseos de sus clientes. La empresa necesita escuchar a los clientes y utilizar su retroalimentación para mejorar continuamente sus productos y servicios.

Jeffery Gitomer ofrece varias técnicas en su libro "El pequeño libro del servicio al cliente" para brindar un servicio excepcional al cliente.

Algunas de estas técnicas son:

- Establecer relaciones significativas con los clientes: Gitomer enfatiza la importancia de construir relaciones con los clientes. Propone que los clientes quieren hacer negocios con personas que conocen, les agradan y en las que confían.

- Escuchar activamente: Escuchar activamente a los clientes es una habilidad importante para brindar un buen servicio, los colaboradores deben escuchar con atención las necesidades y deseos de los clientes para comprender mejor sus necesidades.

- Proporcionar soluciones rápidas y efectivas: Los

clientes aprecian que se les proporcione soluciones rápidas y efectivas, los empleados deben ser proactivos en la solución de problemas y que deben hacer todo lo posible para ayudar a los clientes.

- Ser amable y respetuoso: Los colaboradores deben ser amables y respetuosos con los clientes. Los clientes quieren sentirse valorados y apreciados, y la amabilidad y el respeto son fundamentales para lograr esto.

- Exceder las expectativas: Los colaboradores deben esforzarse por exceder las expectativas de los clientes siempre que sea posible. Al proporcionar un servicio excepcional, los clientes se sentirán más satisfechos y serán más propensos a regresar y recomendar la empresa a otros.

Shep Hyken ofrece varios consejos prácticos en su libro "El Momento de la Verdad: Siete Estrategias Para Brindar Un Servicio al Cliente Excepcional". Algunos de sus consejos son:

- Conocer a tus clientes: Hyken enfatiza la importancia de conocer a tus clientes y sus necesidades para poder proporcionarles un servicio excepcional.

- Comprender la importancia del servicio al cliente: Todas las empresas deben entender que el servicio al cliente es una parte crítica de su éxito y deben hacer que el servicio al cliente sea una prioridad en su negocio.

- Tratar a los colaboradores como clientes: Las empresas deben tratar a sus empleados como clientes y proporcionarles un servicio excepcional, lo que a su vez motivará a los empleados a brindar un servicio excepcional a los clientes.

- Comunicación efectiva: La comunicación efectiva es clave para proporcionar un servicio al cliente excepcional. Los empleados deben ser claros en su comunicación y estar disponibles para responder preguntas y resolver problemas.

- Resolver problemas de manera efectiva: Las empresas deben ser proactivas en la resolución de problemas y proporcionar soluciones efectivas y oportunas a los clientes.

- Tratar a los clientes con respeto y amabilidad: Es importante tratar a los clientes con respeto y amabilidad en todo momento, incluso en situaciones difíciles.

Como vez parecen enfocarse en los mismos conceptos, nada nuevo bajo el sol, creo que por información disponible no paramos, hay un basto universo del "deber ser" pero nos falla el " deber hacer" en fin, con esto hemos logrado ya contar con un contexto como punto de partida y poder asi diseñar una estrategia para nuestro negocio sin dejar escapar ninguno de estos conceptos.

Importente que los colaboradores que atienden a los clientes cuenten con los siguientes puntos básicos:

- Deben estar familiarizados con los productos o servicios que ofrecen para poder brindar información precisa y útil a los clientes.

- Deben tener habilidades de comunicación efectiva para transmitir información clara y concisa a los clientes y entender sus necesidades y preocupaciones.

- Deben ser capaces de ponerse en el lugar del cliente, comprender sus necesidades y preocupaciones, y manejar situaciones difíciles con paciencia y profesionalismo.

- Deben tener la capacidad de resolver problemas y tomar decisiones rápidas para satisfacer las necesidades de los clientes.

- Deben tener una actitud positiva y amigable para brindar un excelente servicio al cliente y crear una experiencia agradable y memorable para ellos.

- Deben estar familiarizados con las herramientas y tecnologías utilizadas para brindar soporte al cliente, como sistemas de tickets, chat en línea y plataformas de redes sociales.

Tambien debemos considerar las diferentes dimenciones del servicio que en parte si las tenemos presentes pueden evitar la mayor parte de las quejas e imprevistos, ya que son parte de los criterios que los clientes utilizan para evaluar la calidad del servicio que reciben, a continuacion veamos las más comunes:

- Fiabilidad: Los clientes esperan que el proveedor de servicios entregue lo que promete y que lo haga de manera consistente. Esto incluye cumplir con los plazos acordados, brindar un servicio de calidad y resolver cualquier problema de manera oportuna y efectiva.

- Responsabilidad: Los clientes esperan que el proveedor de servicio sea accesible, amigable y dispuesto a ayudar. Esto significa que los proveedores de servicios deben estar disponibles para responder preguntas y proporcionar información útil y relevante. También deben estar dispuestos a hacer un esfuerzo adicional para resolver cualquier problema que pueda surgir.

- Empatía: Los clientes esperan que el proveedor de servicio entienda y responda a sus necesidades emocionales. Esto incluye la capacidad de escuchar y demostrar empatía, así como de ser amable y comprensivo en todas las interacciones con los clientes.

- Garantía: Los clientes esperan que el proveedor de servicio inspire confianza y garantice la calidad del servicio. Esto significa que los proveedores de servicios deben proporcionar garantías y demostrar que tienen la experiencia y los recursos necesarios para brindar un servicio de calidad.

- Tangibles: Los clientes evalúan la apariencia física del proveedor de servicio y los elementos materiales asociados con el servicio, como la limpieza, el ambiente y la comodidad. Por lo tanto, los proveedores de servicios deben mantener un entorno limpio y cómodo para sus clientes, así como ofrecer una experiencia agradable en todos los sentidos.

- Competencia: se refiere a la habilidad y conocimientos técnicos del proveedor de servicio para realizar su trabajo de manera efectiva. Los clientes esperan que el proveedor de servicio tenga la experiencia y habilidades necesarias para brindar un servicio de alta calidad.

- Personalización: se refiere a la capacidad del proveedor de servicio para adaptarse a las necesidades y preferencias específicas de cada cliente. Los clientes esperan que el proveedor de servicio pueda personalizar su servicio para satisfacer sus necesidades individuales.

- Comunicación: se refiere a la capacidad del proveedor de servicio para comunicarse claramente y de manera efectiva con los clientes. Los clientes esperan que el proveedor de servicio sea capaz de responder a sus preguntas y proporcionar información útil y relevante.

- Accesibilidad: se refiere a la facilidad con la que los clientes pueden acceder al servicio. Los clientes esperan que el proveedor de servicio sea accesible y fácil de contactar, ya sea por teléfono, correo electrónico o chat en línea.

- Innovación: se refiere a la capacidad del proveedor de servicio para innovar y mejorar continuamente su servicio. Los clientes esperan que el proveedor de servicio esté al tanto de las últimas tendencias y tecnologías, y que esté dispuesto a mejorar su servicio en consecuencia.

Y más importante aun: Que los lideres y dueños actuen en consecuencia y faciliten los recursos y autoridad para ejercer estos puntos.

¿Qué hay con las instalaciones?

Asi es, todo forma parte de la experiencia del cliente, todo lo que sus sentidos pueden percibir suma o resta en nuestro negocio y la busqueda de su fidelidad, el boca a boca que puede realizar recomendandonos para bien o para mal, recuerdo en una ocasión que fui a un establecimiento y me atendieron mal, ya lo habia olvidado y de pronto me llego una publicidad de ese negocio, en ese momento le dije a mi pareja, mira, aquí es donde me trataron de forma grosera; quizá el dueño pensó ¿Por qué no funciona mi publicidad? Si funciona en realidad, me recuerda no regresar ahí.

Para este fin, considerando lo tangible en nuestro negocio, sugiero poner atención a lo siguiente:

- Limpieza e higiene: Las instalaciones, empaques y otros elementos del negocio deben estar limpios y mantenerse en condiciones higiénicas adecuadas. Esto es especialmente importante en negocios relacionados con alimentos, donde la higiene es esencial.

- Diseño atractivo y fácil de usar: Las instalaciones y empaques deben ser atractivos y fáciles de usar para los clientes. El diseño debe ser coherente con la imagen de marca del negocio y adaptarse a las necesidades del cliente.

- Facilidad de acceso: Las instalaciones deben ser fáciles de acceder y estar ubicadas en un lugar estratégico para que los clientes puedan llegar fácilmente. En cuanto a los empaques, estos deben ser fáciles de abrir y usar.

- Calidad de los empaques: Los productos ofrecidos por el negocio deben ser de un empaque de alta calidad acorde a lo oferta y requerimientos del mismo para garantizar las condiciones esperadas por los clientes y queden asi, satisfechos con su compra.

- Información clara: Los empaques y otros elementos relacionados con el negocio deben proporcionar información clara y precisa sobre los productos y servicios ofrecidos, precios, fechas de caducidad y otros detalles relevantes para el cliente.

- Tecnología: En la actualidad, la tecnología juega un papel importante en la experiencia del cliente. Por lo tanto, los negocios deben asegurarse de tener tecnología actualizada y fácil de usar, como un sitio web móvil responsive, una aplicación móvil o un sistema de pago en línea.

6
PONLE AMOR A TU NEGOCIO

Hace ya unos años decidi escribir sobre el amor, investige mucho sobre el tema desde diferentes perpectivas y di fruto a mi libro "ámate sin condiciones" en este inclui una parte donde insistia en involcrarnos en todo desde el amor, algo asi como preguntarnos constantemente en nuestras actividades y relaciones ¿Qué haria el amor en este momento? Esto para activar al observador y ser más concientes de nuestras respuestas, asi deberiamos abordar el tema del servicio con nuestros clientes, con empatia y viviendo la experiencia desde sus deseos.

¿Cómo puedo adatar estas 5 etapas del amor para enamorar a los clientes de mi negocio?

1. Enamoramiento: Esta etapa puede adaptarse al negocio mediante la creación de una imagen atractiva y seductora de la empresa, con una marca sólida, un sitio web fácil de navegar y una presencia en redes sociales activa y que conecte, honesta, confiable, amable para captar la atención de los clientes potenciales.

2. Construcción de la relación: Esta etapa se puede adaptar al negocio mediante la creación de una experiencia de compra personalizada y enfocada en los deseos y las necesidades del cliente. Esto incluye la atención al cliente rápida y eficiente, la personalización de productos y servicios, la oferta de soluciones creativas y disponibles a problemas específicos del cliente.

3. Estabilización: En esta etapa, el enfoque debe estar en la construcción de relaciones a largo plazo con los clientes, mediante la fidelización y la creación de una experiencia de compra que sorprenda y supere las expectativas del cliente. Esto puede lograrse a través de programas de lealtad, ofertas especiales para clientes frecuentes y la construcción de una comunidad en línea para clientes donde se les brinde un valor adcional a lo obtenido.

4. Crisis: Durante esta etapa, el enfoque debe estar en la resolución de conflictos y la atención al cliente para evitar la pérdida de la relación. Esto puede lograrse a través de una respuesta rápida y eficaz a los problemas del cliente, la aceptación de la responsabilidad y la soluciones inmediatas mediante el empoderamiento de los colaboradores para este fin.

5. Renovación: Si se logra superar la crisis, el enfoque debe estar en renovar y fortalecer la relación con el cliente a través de nuevas estrategias de fidelización y la creación de una experiencia de compra excepcional. Esto incluye todo lo mencionado como la oferta de promociones especiales para clientes existentes, la personalización de la experiencia de compra y la construcción de una comunidad en línea activa y atractiva para los clientes.

Uno de los libros que me ha servido en mi relación fue

"Los 5 lenguajes del amor" escrito por Gary Chapman. En este libro, el autor describe cinco formas diferentes en las que las personas expresan y reciben amor.

De igual forma, imagina adaptar los cinco lenguajes del amor al servicio al cliente:

1. Palabras de afirmación: Los clientes se sienten amados y valorados cuando reciben mensajes de agradecimiento, aprecio y reconocimiento por parte del personal de atención al cliente. Es importante que el personal los llame por su nombre y utilice un lenguaje positivo, evitando palabras negativas o críticas que puedan generar una mala experiencia en el cliente.

2. Tiempo de calidad: Es importante escuchar al cliente, prestar atención a sus necesidades y brindar soluciones personalizadas a sus problemas. También se puede proporcionar tiempo de calidad a través de una respuesta rápida y eficiente a sus consultas o solicitudes teniendo pasiencia al ritmo de ellos.

3. Regalos: Los regalos o recompensas pueden ser una forma de mostrar aprecio y reconocimiento al cliente. Pueden ser obsequios simbólicos, como descuentos o cupones, o pueden ser regalos tangibles, como una muestra gratuita de un producto o servicio. Los regalos pueden ser utilizados para agradecer la fidelidad del cliente o para disculparse por una mala experiencia en el servicio, aquí siempre sugiero que sea algo de "alto

valor para el cliente y bajo costo para el negocio" sin olvidar el factor sorpresa que siempre funciona.

4. Actos de servicio: Una atención proactiva al cliente. Esto puede incluir el seguimiento de un problema o consulta hasta su resolución, la provisión de información útil o la sugerencia de soluciones alternativas. Los actos de servicio también pueden incluir la ayuda práctica, como la asistencia en la instalación de un producto o la resolución de problemas técnicos, suelo insistir en que la venta no termina hasta que el cliente regresa o nos recomienda, por eso es importante acompañarlo hasta validar su satisfacción.

5. Contacto físico: En el servicio al cliente, el contacto físico se puede aplicar a través de un trato amistoso, amable y cordial. Esto puede incluir el contacto visual, una sonrisa, un apretón de manos o un abrazo (en situaciones apropiadas). El contacto físico puede ayudar a establecer una conexión emocional con el cliente y transmitir una sensación de cercanía y confianza. Es importante recordar que el contacto físico debe ser siempre apropiado y respetuoso.

Se ha mencionado mucho la capacitación, pues las políticas no son suficiente, sobre todo cuando hay un rostro y una voz humana detrás de la atención, ha estado muy de moda el Estoicismo, una filosofía antigua que se originó en Grecia alrededor del siglo III a.C. y se desarrolló en la antigua Roma. Se basa en la idea de que el objetivo de la vida es vivir de acuerdo con la razón y la virtud, al final todos somos clientes, si pensamos como tal, es facil actuar en concecuencia de que como nos gustria que nos trataran ¿no cres? También decian que las emociones negativas, como la ira, el miedo y la tristeza, deben ser controladas y eliminadas para lograr la felicidad y la paz interior, si las estrategia de servicio al cliente es bien ejecutada no deberia haber conflictos ni respuestas de este tipo.

Los estoicos creían que todos los seres humanos tienen una chispa divina dentro de ellos, y que al cultivar la sabiduría, la justicia y la autodisciplina, podían alcanzar un estado de tranquilidad y serenidad mental, es por eso que no formamos robots si no que desde la escencia de la persona, la capacitamos y le inculcamos lo correcto para que funcione de forma sistematica como una cultura de excelencia.

Siguiendo con el ejercicio metaforico del amor, aquí te presento 10 consejos estoicos que puedes aprender y enseñar a tus colaboradores para aplicarlos al servicio al cliente:

1. Practica la aceptación: Acepta que los clientes pueden tener opiniones diferentes y, a veces, incluso estar equivocados. Enfócate en encontrar una solución pacífica en lugar de estar en desacuerdo con el cliente.

2. Controla tus emociones: No dejes que tus emociones te controlen. Aprende a reconocer tus propias emociones y controlarlas para mantener una actitud tranquila y profesional hacia los clientes.

3. Sé consciente de tu lenguaje corporal: Tu lenguaje corporal puede enviar un mensaje más fuerte que tus palabras. Asegúrate de tener una postura y gestos que transmitan una actitud de respeto y consideración hacia el cliente.

4. Comunica de manera clara y efectiva: Asegúrate de que tu comunicación sea clara, concisa y efectiva. Escucha al cliente y repite la información clave para asegurarte de que ambos estén en la misma página.

5. Haz preguntas para comprender mejor las necesidades del cliente: Aprende a hacer preguntas abiertas para comprender mejor las necesidades del cliente y ofrecer soluciones adecuadas.

6. Sé paciente: A veces, los clientes pueden ser difíciles o necesitar más tiempo para comprender la información. Practica la paciencia y ofrece apoyo adicional si es necesario.

7. Sé respetuoso: Asegúrate de tratar a cada cliente con respeto y consideración, independientemente de su situación o problema.

8. Ofrece soluciones creativas: A veces, los clientes pueden tener necesidades especiales que no se ajustan a los procedimientos normales. Sé creativo en la búsqueda de soluciones que satisfagan sus necesidades.

9. Ofrece seguimiento: Asegúrate de hacer seguimiento con los clientes después de que se haya resuelto su problema para asegurarte de que están satisfechos con el servicio.

10. Practica la empatía: Ponerte en los zapatos del cliente puede ayudarte a comprender mejor sus necesidades y ofrecer soluciones efectivas. Practica la empatía para mejorar tu habilidad en el servicio al cliente.

Enamora a tus clientes

7
ENAMORA A TUS CLIENTES

Si tomaste la vía rápida del libro, este es el capitulo, yo lo comparto como cuando doy un seminario y una conferencia, el seminario es el libro completo explicado y con ejemplos, pero en la conferencia tengo que ir directo y sin paja, pues bien, aquí te comparto la estrategia para lograr ¡enamorar a tus clientes!

¿Cómo diferenciarte y destacar con tu negocio?

1. Define tus politicas y practicas de servicio al cliente, los "que´s y los como´s" de cada caso y situacion que se pueda presentar y comunicalo a todos, asegurate que el sistema funciona sin huecos o barreras en algun paso de proceso y toma de desiciones.

2. Invierte en la capacitación y desarrollo del personal, enamorarlos a ellos primero del negocio, asegurándose de que tengan las habilidades, recursos y autoridad necesaria para brindar un scrvicio excepcional al cliente.

3. Ofrecer un servicio personalizado a cada cliente, utilizando tecnología avanzada para adaptarse a sus necesidades y preferencias, si no cuentas con un sistema, busca la manera que la experiencia de la atención, el trato y del producto tenga un detalle que incluya el nombre de la persona al menos.

4. Innova en el servicio constantemente, busca formas de mejorar la experiencia del cliente, hazlo simple, facil y rapido. Esto puede incluir la implementación de tecnología avanzada, como la inteligencia artificial y la automatización, siempre enfocada a los deseos y soluciones que espera el cliente.

5. Has de escuchar al cliente parte de las actividades diarias, debemos escuchar siempre y responder a las opiniones y comentarios de los clientes para mejorar continuamente el servicio y que exista la facilidad de que ellos opinen y nosotros obtener la información, como en sitios donde se realiza la evaluación directa por el cliente con calificación y comentarios.

6. Busca ser una empresa socialmente responsable, comprometida con la sostenibilidad y apoyar a las comunidades locales, siempre hay forma de apoyar causas o personas con nuestros productos o servicios.

7. Establecimiento de objetivos y métricas claras para medir y mejorar continuamente su servicio al cliente, sobre todo aquellos por los que toma decisión de adquirir nuestros productos o servicios, estos son adicionales a los indicadores del negocio, los llamamos indicadores del cliente.

Asi mismo el fomentar, impulsar y promuever todo el

tiempo las siguientes practicas:

1. Enamoren al cliente: Poner al cliente en el centro de todo lo que hace el negocio y cómo esto puede llevar a clientes felices, satisfechos y enamorados.

2. Conoce más a tu cliente: Usar técnicas como la segmentación y la personalización para mejorar la experiencia del cliente.

3. Crear experiencias únicas: copiar las mejores practicas que ya mencionamos de empresas exitosas y hacer lo mismo para atraer y retener a sus clientes.

4. Darle un gran valor a la atención al cliente: Tener un servicio al cliente excepcional que cuente con el poder, así como con los recursos de solucionar y sorprender al cliente, esto puede marcar la diferencia en la experiencia del cliente.

5. Convence a todos de que el cliente es el mejor de tus vendedores: Como ya mencionamos, el servicio vende, el objetivo debe ser hacer clientes de por vida.

6. Da seguimiento a los clientes: Utilizar herramientas para el seguimiento de las compras y la recopilación de comentarios de los clientes para mejorar continuamente la experiencia del cliente.

7. Ten un sistema de retroalimentación:

Sistematizar el escuchar a los clientes y utilizar su retroalimentación para mejorar el negocio y la experiencia del cliente.

8. Innovación y mejora: Toda novedad tecnológica, logística, diseño y demás que mejore la experiencia del cliente debe ser considerada, involucra a todo tu persona en esto.

Importante: Mi sugerencia es que primero realices un diagnostico con todo tu equipo, para ver donde estas parado, es importante tomar en cuenta a todos los que tienen contacto desde la venta hasta el servicio postventa, incluyendo si es tu caso, los que participan en la logística de entrega y cobranza del producto o servicio. De esta forma podemos iniciar a resolver lo que ya sabemos que no esta a altura, pues quizá implementar nuevas políticas puede ser contraproducente si no considere si el sistema es capaz de ejecutarlas.

Considera los siguientes pasos antes:

1. Evalúa tu nivel de amor en el cliente: Puedes revisar las quejas recientes, realizar encuestas o entrevistas a tus clientes para obtener retroalimentación sobre su experiencia con tu negocio. Pregúntales acerca de la calidad del servicio, su percepción de la atención al cliente y si están dispuestos a recomendar tu negocio a otros.

2. Analiza tus procesos internos: Identifica los

procesos internos que pueden estar afectando negativamente la experiencia del cliente y sus recursos para brindar soluciones. Por ejemplo, si tu negocio tiene largos tiempos de espera, identifica las causas y busca soluciones para reducirlos.

3. Evalua a tu personal: Asegúrate de que tu personal esté bien capacitado y tenga las habilidades necesarias para brindar un excelente servicio al cliente. Brinda capacitación regular para mantener su nivel de habilidades orientadas a las estrategias de servicio al cliente.

4. Monitorea el rendimiento actual: Establece métricas para medir el rendimiento del servicio al cliente, como el tiempo de respuesta, la resolución de problemas y la satisfacción del cliente. Monitorea regularmente estas métricas y busca oportunidades de mejora.

5. Identifica oportunidades de mejora: Utiliza los resultados de tus evaluaciones y monitoreo para identificar oportunidades de mejora. Realiza cambios en tus procesos, políticas y procedimientos para mejorar la experiencia del cliente.

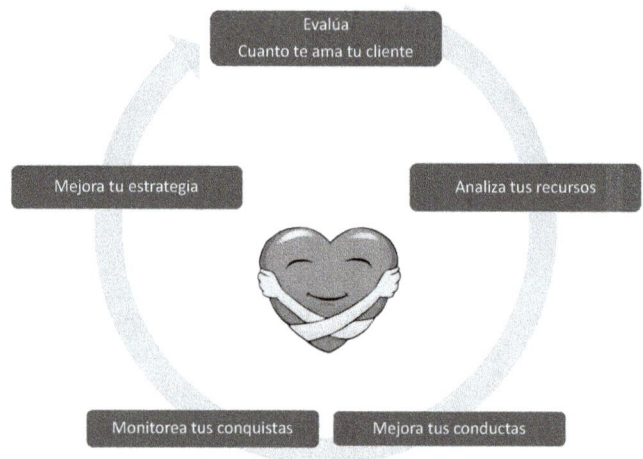

Tu estrategia de servicio al cliente es elegir siempre "enamorar a tus clientes" reconquistarlos si es necesario, es por eso que no es algo que tenga inicio o fin, es aplicar el kaizen que se basa en la idea de implementar pequeñas mejoras constantes, promoviendo una cultura de satisfacción del cliente en todos los niveles del negocio, incluyendo los clientes internos.

Si ya tienes tu visión, misión y valores revísala para darle aun más enfoque y poder a los que mantienen vivo tu negocio, ósea tus "clientes", si no la tienes es momento de realizarla tomando en cuenta lo que compartimos hoy, hay negocios que les va también que se dan el lujo de tratar mal a sus colaboradores y clientes, pero nada es para siempre, recuerda:

"Nadie es tan grande como se cree,
ni tan pequeño como se siente"

Fernando Sande

Enamora a tus clientes

ACERCA DEL AUTOR

M.Sc. Fernando Sande
Autor, Speaker y Consultor Empresarial

- Autor de 16 libros.
- Maestro en Ciencias por el Instituto Superior de Estudios Superiores de Monterrey
- Maestro en Psicología Positiva por el Instituto Europeo en Psicología Positiva
- Maestro en Meditación por la Universidad Chopra del Bienestar en California USA.
- Certificado especializado Foundations of Positive Psychology, University of Pennsylvania
- Ingeniero Industrial por la Universidad del Valle de Atemajac
- Certificado Internacionalmente en Programación Neurolingüística e Hipnoterapia.
- Profesional asociado en sistemas de manufactura por la Universidad Autónoma de Guadalajara.

• Más de 20 años formando y capacitando empresas de todos los giros a todos los niveles, tanto en seminarios como en conferencias, cuenta con experiencia en empresas transnacionales donde participó en proyectos en Japón, China y Estados Unidos, cuenta con certificaciones y diplomados en los que destacan técnicas americanas (Black Belt Seis Sigma internacional), Japonesas (Lean Champion, Lean Belt), seminarios de creatividad Mapas mentales y creatividad organizacional , la Teoría inventiva para la solución de problemas rusa TRIZ con instructores de categoría mundial.

Visita su canal de youtube
https://www.youtube.com/@Enamoraatusclientes

Para informes sobre sus cursos o conferencias visita
www.fernandosande.com